나를 뽑아줘!

만화로 처음 만나는
정치 이야기!

나를 뽑아줘!

글 조항록　그림 디지털터치

계림북스

책을 열며

만화라는 그릇에 담은 정치 이야기

　어린이 여러분도 반장 선거를 치러 본 경험이 있을 거예요. 자기가 좋아하는 친구가 당선되면 기뻤을 테고, 싫어하는 친구가 당선되면 속상했을 테지요. 어떤 친구는 직접 반장 선거에 후보로 나서기도 했을 거예요. 떨리는 마음으로 친구들의 지지를 부탁했겠지요. 그래서 누구는 바라는 대로 반장이 되고, 누구는 반장이 되지 못해 많이 아쉬웠을 거예요.

　어린이 여러분이 치르는 반장 선거는 일종의 '정치'라고 할 수 있어요. 정치가 꼭 어른들만 하는 거창한 일은 아니에요. 정치는 사람들의 생활과 떼려야 뗄 수 없어요. 우리가 알게 모르게 정치의 영향력은 생활 곳곳에 미치고 있어요.

　혹시 어린이는 정치에 관심을 가질 필요가 없다고 생각하지는 않나요?

　툭하면 상대방을 비난하고, 거리낌 없이 거짓말을 한다며 정치인을 미워하지는 않나요?

　만약 그렇다면 어린이 여러분은 정치와 정치인에 대해 선입견을 갖고 있는

　거예요. 자세히 알지 못하면서 고개를 돌리고 비난하고 외면하는 것이지요.
　그러면 안 돼요. 우리는 정치에 대해 배우고, 바르게 알아야 해요. 이제 곧 이 나라를 이끌어가야 할 사람이 바로 여러분들이기 때문이에요.
　이 책은 어린이 여러분이 정치를 이해하는 데 도움을 줄 거예요. 딱딱하고 어려운 정치 이야기를 좀 더 쉽게 전하기 위해 만화라는 그릇에 담았어요.
　재미있게 만화를 읽다보면, 어느새 정치에 대해 많은 것을 알게 될 거예요. 더불어 나날이 중요해지는 논술 공부에도 도움이 되리라 믿어요.
　이 책에서는 희망초등학교 4학년 2반에서 반장 선거를 하고 있어요. 현우와 서연이가 후보로 나섰네요. 현우를 돕는 친구들과 서연이를 돕는 친구들로 나뉘어 치열하게 경쟁을 하고 있어요.
　과연 누가 4학년 2반의 반장이 될까요? 그리고 누가 선거의 진정한 승리자인지 생각해 봐요.

조항록

차례

01 반장선거를 한다고? 12
　　선거운동 | 다수결의 원칙 | 민주주의

02 정정당당한 도전 26
　　대통령 | 국회의원 | 보좌관 | 정당

03 만만치않은 경쟁자 40
　　후보 수락 연설 | 후보의 조건

04 친구들의 도움 54
　　선거관리위원회 | 투표 | 기호 | 공약

05 선거유세가 시작되다 68
　　유세 | 대변인

06 '미맹의 친구들' 대 '사랑나눔'   82
지방의회 | 지방자치제 | 레임덕

07 한 치의 양보도 없는 선거운동   95
국회의사당 | 삼권분립 | 행정부 | 입법부 |
사법부 | 총리

08 승자와 패자의 갈림길   110
지역감정 | 유권자 | 부정선거 | 전자개표기

09 4학년 2반 반장탄생   124
투표함 | 보통선거 | 평등선거 | 직접선거 |
비밀선거 | 출구조사 | 개표

10 우리는 언제나 친구   138
여당 | 야당 | 레임덕

11 한 걸음 더!   152

등장인물

김현우

초등학교 4학년 남자 아이. 반장 선거에 후보로 나선다.
성격이 쾌활하고 친구들에게 인기가 많다.
밝은 성격에 공부도 잘하고 축구를 좋아한다.

윤푸름

현우의 단짝 친구. 발랄한 여자 아이.
새침떼기에 공주병이지만, 예쁘고 상냥하다.
아는 척을 많이 하는 것이 단점.
현우를 반장이 되도록 보조 역할을 하며,
모둠 '미래의 친구들'을 만들어 활동한다.

이우람

현우의 단짝 친구. 반에서 최고로 쾌활하며
항상 웃는 얼굴을 하고 있다.
생각보다 행동이 앞서는 행동파!
성적은 꼴찌에서 푸름이와 1, 2등을 다투는 정도이다.
모둠 '미래의 친구들'에서 여러 가지
홍보 활동을 한다.

담임선생님

희망초등학교 4학년 2반의 담임선생님.
아이들이 민주적인 방법의 반장 선거를
경험할 수 있도록 배려한다.

오서연

4학년 2반의 최고 우등생. 반장 선거 후보이며 현우의 라이벌이다.
착하고 예쁘며 공부도 잘하는 팔방미인! 약간 어른스러운 성격이다.
친구들과 사이가 좋다.

김공   김준형

평소에는 조용한 '범생스타일' 이었으나 우연히 푸름이의
남녀 차별 발언에 자극을 받아 폭발한다.
그 후에 오서연을 반장으로 만들기 위해 모둠 '사랑나눔'을
만들어 활발하게 활동한다.

최윤태

게임을 좋아해서 반장 선거 후보가 되는 걸
싫어할 정도이다.
하지만 맞벌이하는 부모님을
이해할 정도로 속이 깊다.

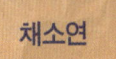

채소연

오서연의 단짝.
오서연을 반장 후보로 추천한다.

01 반장 선거를 한다고?

배움포인트 : 선거 후보자가 갖추어야 할 조건에 대해 알아 봐요.

정치가 궁금해

◯ 선거운동

선거 때 어느 후보가 당선되게 하거나, 당선되지 못하게 하는 행위를 말해요. 유권자들은 다양한 선거운동을 통해 후보자에 관한 정보를 얻게 되지요.

그렇지만 선거운동에도 법률이 정하는 기준이 있어요. 그것을 어기고 부정한 방법으로 선거운동을 하면 법에 따라 처벌받게 되지요. 이를테면 집집마다 찾아다니며 선거운동을 하는 것은 금지되어 있어요.

대부분의 경우 공식적인 선거운동은 후보자 등록이 모두 끝난 때부터 시작돼요. 그리고 선거일 전날까지 할 수 있지요.

현재 우리나라는 '공영선거제(선거공영제)'를 실시하고 있어요.

공영선거제는 한마디로 공정한 선거운동을 위해 마련한 제도예요. 모든 후보에게 선거운동의 기회를 똑같이 보장한다는 의미를 갖고 있지요. 돈이 많은 후보라고, 힘 있는 단체의 후보라고 무한정 선거운동을 해 유리해지는 것을 막는 거예요. 또한 공영선거제는 어느 정도 선거 비용을 국가에서 부담하기도 해요. 그것은 훌륭한 후보가 단지 돈이 없어 당선되지 못하는 안타까운 결과를 줄이는 효과가 있지요. 방송을 통한 후보자 경력 방송 등이 그런 비용으로 제공되는 거예요.

다수결의 원칙

여러 명이 모였을 때 의견이 엇갈리는 경우가 생기면 자주 쓰는 결정 방법은 '다수결의 원칙'이에요. 좀 더 많은 사람들이 찬성하는 쪽으로 결론을 내리는 것이지요. 다수결의 원칙은 민주주의의 기본 정신이에요.

하지만 다수결의 원칙이 언제나 바람직한 것은 아니에요. 만일 100명 중 80명이 전쟁을 주장하고 20명만 평화를 원한다면, 전쟁을 일으키는 게 옳은 일일까요? 100명 중 90명이 지지하는 정책이라고 해도 반드시 국민을 행복하게 하는 건 아니지요. 다수결의 원칙은 종종 옳고 그름을 따지지 못하는 경우가 있기 때문이에요. 다수결의 원칙은 무엇이 정말 필요한 선택인지 곰곰이 생각하고 충분한 토론을 거쳐야 해요. 그래야만 단점을 최소로 줄일 수 있어요. 어떤 결정이든 대부분 단점이 있으니까요.

아울러 소수의 의견에도 귀를 기울일 줄 알아야 해요. 소수의 의견을 가진 사람이 자유롭게 의견을 내지 못한다면, 결코 민주주의를 실천한다고 말할 수 없어요.

민주주의

민주주의란, '국민의 힘'으로 국가를 유지하고 발전시키는 정치제도예요. 아울러 '국민을 위하여 정치를 하는' 제도지요. 국민이 국가의 주인으로서 존중받고, 국민을 위한 국가 정책이 결정된다는 뜻이에요.

민주주의가 뿌리내린 국가에서는 국민의 자유가 최대한 보장돼요. 누구나 자기 의지대로 말하고, 행동하며, 국가를 비판

할 수도 있지요. 다만 국민도 자신의 자유 때문에 빚어진 결과에 책임을 져야 해요. 또한 국가는 법률로써 국민을 보호해야 할 의무가 있어요. 몇몇 사람의 권력과 이익을 위해 국민을 괴롭히면 안 돼요.

민주주의는 '직접민주주의'와 '간접민주주의'로 나눌 수 있어요.

직접민주주의란 모든 국민이 직접 나랏일에 참여하는 거예요. 간접민주주의란 선거로 국민의 대표를 뽑아 그들이 정치에 참여하도록 하는 것이고요. 그래서 간접민주주의는 '대의민주주의'라고도 해요.

직접민주주의와 간접민주주의를 쉽게 설명해 볼까요? 학교 화단에 어떤 꽃을 심을지에 대해 학생들이 토론한다고 가정해 봐요. 만일 모든 학생들이 참여하는 회의를 열거나 투표로 결정한다면 직접민주주의라고 할 수 있어요. 이 경우 그 학교 학생이라면 누구나 어떤 꽃을 심어야 좋을지 자기 생각을 말할 자유가 있어요. 만약 쉽게 의견이 모아지지 않는다면, 투표를 통해 가장 많은 학생들이 좋아하는 꽃으로 정하게 될 테지요.

그런데 만일 학급의 반장들만 모여서 결정한다면, 간접민주주의라고 할 수 있어요. 학급마다 학생들이 직접 뽑은 반장은 충분히 학생들의 대표가 될 자격이 있으니까요. 물론 이 경우에도 토론과 투표의 과정을 거치게 돼요. 하지만 모든 학생들이 직접 참여할 때보다는 훨씬 빨리 결론을 내릴 수 있지요.

> **PLUS**
> 우리나라는 직접민주주의 국가일까요, 간접민주주의 국가일까요?
>
> 우리나라는 간접민주주의 국가예요. 오늘날과 같이 셀 수 없이 많은 정책 결정에 모든 국민이 직접 참여하기는 불가능하기 때문이지요.
> 그러나 일부 직접민주주의 방식도 채택하고 있어요. 헌법을 바꿀 때 국민 투표에 붙이는 것 등이 그런 경우지요.

정정당당한 도전

배움포인트 : 정당한 선거의 자세와 정당의 설립에 대해 배워요. 선거 후보를 돕는 보좌관에 대해 배워요. 그리고 실천 가능한 공약의 기준에 대해 배워요.

정치가 궁금해

○ 대통령

우리나라에는 나라를 대표하는 대통령이 있어요. 이승만, 윤보선, 박정희, 최규하, 전두환, 노태우, 김영삼, 김대중, 노무현 같은 분들이 우리나라의 역대 대통령들이지요.

하지만 어느 나라에나 대통령이 있는 것은 아니에요. 우리나라, 미국, 브라질, 이집트 등에는 있지만 일본, 영국 등에는 없어요.

대통령이 있는 나라는 대부분 '대통령중심제' 국가예요. 국가의 최고 권력이 대통령에게 있다는 뜻이지요. 대통령이 앞장서서 나랏일을 책임지고 이끌어가는 거예요. 아울러 국민을 대표해서 외국의 최고 권력자와 만나 국가의 이익을 위해 노력하기도 하지요.

현재 우리나라의 대통령 임기는 5년이에요. 5년 동안 단 한 번만 대통령으로 일할 수 있는 '단임제'지요. 그래서 5년마다 대통령 선거를 치르지요. 우리나라에서 5년 단임제로 대통령 선거가 치러진 역사는 별로 오래되지 않았어요. 노태우 대통령이 당선되었던 1987년 선거 때부터 5년 단임제가 정착되었지요.

그런데 요즘 다시 '중임제'에 대한 이야기가 나오고 있어요. 단임제와 달리 두 번 이상 대통령이 될 수 있는 제도를 중임제라고 해요. 중임제는 잘못하면 독재 정치에 빠질 가능성이 있어요. 하지만 단임제보다 더욱 책임 있는 정치를 하게 되는 장점도 있어요.

🔵 국회의원

　우리나라는 간접민주주의 국가라고 할 수 있어요. 간접민주주의 국가에는 국민의 대표들이 일할 기관이 필요하겠죠? 그 기관이 바로 '국회'예요. 그리고 국회를 구성하는 국민의 대표는 '국회의원'이지요.

　우리나라 국회의원의 임기는 4년이에요. 지난 2004년 4월에도 제17대 국회의원 선거가 시행됐어요. 국회의원 선거는 국민의 대표를 뽑는다는 점에서 큰 관심을 끌어요. 내가 사는 고장의 국회의원이 4년 동안 나와 내 가족을 대표해 정치를 하기 때문이지요.

　국회의원 수는 선거 때마다 변화가 있어요. 지역과 인구를 기준으로 구분하는 선거구 등이 달라지기 때문이에요. 제17대 국회는 299명의 국회의원으로 구성되었어요. 제16대 국회에 비해 20여 명 늘어난 수예요.

　국회의원은 어떤 일을 할까요? 국회의원은 법률을 고치거나 새로 만들고 나라 살림에 쓰이는 돈을 심사하거나 결정해요. 또 대통령과 정부가 하는 일을 감시하기도 해요. 국민의 요구를 정부에 전달하는 것은 물론이고요.

🔵 보좌관

　국회의원이 하는 일은 우리가 짐작하는 것보다 훨씬 많아요. 법률 하나를 새로 만들려고 해도 철저한 준비가 뒤따라야 하지요. 만약 그렇지 않으면 새로운 법률 때문에 국민들이 큰 피해를 입을 수

PLUS

국민들이 뽑는 국회의원 그리고 정당이 뽑는 비례대표!

국회의원 중에는 각 정당이 정하는 '비례대표'가 있어요. 비례대표의 수는 정당이 전국의 선거구에서 얻은 표에 따라 달라져요. 이를 잘 활용하면 다양한 전문가들을 국회에서 일하게 할 수 있고 그만큼 수준 높은 정책을 만들 수 있답니다. 제17대 국회에는 56명의 비례대표가 포함되었어요.

도 있어요.

국회의원이 어떤 정책에 대해 의견을 낼 때도 마찬가지예요. 올바른 판단을 위해 폭넓게 자료 조사를 하고, 여러 사람의 의견을 들어봐야 해요.

그런데 이런 일을 전부 혼자 해 내기는 어려워요. 국회의원이라고 해서 이런저런'모든 일에 대해 잘 아는 건 아니에요. 그래서 '보좌관'이 필요해요. 보좌관은 한 분야의 전문가인 경우가 많아요. 만일 경제학 공부를 깊이 해 박사 수준의 지식을 갖추고 있는 보좌관이라면 경제 문제에 관해 국회의원에게 여러 가지 도움을 줄 수 있겠지요.

그럼 보좌관의 월급은 누가 줄까요? 국회의원마다 보좌관 두 명에 대한 월급은 정부에서 주지요. 즉 국민의 세금으로 주는 거예요. 만일 더 많은 보좌관을 원한다면 초과되는 비용만큼 국회의원 개인이 부담해야 한답니다.

▶ 정당

정당이란 정치에 관해 비슷한 생각을 가지고 있고, 자신들의 대표를 대통령 후보로 내세우고 싶어하며 좀 더 많은 국회의원을 배출해 자신들이 바라는 대로 나랏일을 꾸려가고자 하는 정치 집단을 말해요. 같은 정치적인 목적을 달성하기 위해 모인 사람들의 집단이지요.

민주주의 국가에서는 누구든지 정당을 만들거나 정당에 가입할 수 있어요. 민주주의 국가는 정당 정치가 활발해야 하고, 최소 두 개 이상의 정당이 서로 견제하며 발전해야 해요. 하지만 각 정당이 권력을 차지하려는 목적만으로 다툼을 일삼아서는 안 돼요. 정당은 국민을 위한 정책을 개발할 책임이 있기 때문이지요. 정당은 바람직한 정책을 내놓고, 그것을 실천하려고 노력해야 해요. 그럼 국민들도 그 정당을 지지하게 될 거예요.

03 만만치 않은 경쟁자

배움포인트 : 선거 후보의 추천에 대해 배워요. 그리고 후보 수락연설에 대해 알아 봐요.

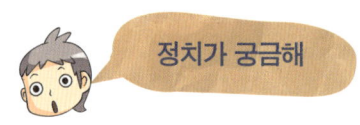

○ 후보 수락 연설

각종 정치 선거에는 제각기 정당에 속한 여러 후보가 있어요. 그리고 '무소속' 후보가 있어요. 말 그대로 소속된 정당이 없는 후보를 말해요.

법률이 정하는 자격을 갖추고 있고 자신의 의지가 있으면, 정당에 가입해 있지 않더라도 누구나 무소속으로 후보가 될 수 있지요.

하지만 정당에 소속되어 있으면 사정이 달라져요. 자기가 원한다고 그 정당의 후보가 될 수 있는 것이 아니에요. 대부분 같은 정당 안에 경쟁자가 있게 마련이에요. 그러므로 우선 정당 안에서 경쟁자들끼리 우열을 가려야 해요. 다시 말해, 투표 등의 방법으로 당선 가능성이 좀 더 높은 후보를 결정하는 과정이 필요한 거예요.

대통령 선거의 경우, 흔히 각 정당마다 4~5명의 후보가 나서곤 해요. 어느 때는 10명 안팎의 후보가 등장하기도 하지요. 그 가운데 정당의 후보로 선거에 나설 수 있는 사람은 단 1명뿐이에요. 당선은 물론이고 후보가 되는 것조차 쉽지 않아요. 그래서 우선 정당의 후보로 뽑히기만 해도 큰 주목을 받아요.

치열한 경쟁에서 이긴 뒤에는 '후보 수락 연설'을 통해 자신의 포부를 밝히게 되지요. 기꺼이 그 정당의 후보가 되어 최선을 다하겠다고 다짐하는 거예요.

🔵 후보의 조건

4학년 2반의 반장 선거의 경우에는 후보가 되기 위한 조건은 어떤 게 있을까요? 우선 4학년 2반의 학생이어야겠죠? 그리고 친구들에게 추천을 받고 동의도 얻어야 해요. 여기에는 공정한 선거를 위해 입회한 선생님의 인정과 관리도 필요해요.

그럼 나라의 살림을 맡아 할 대통령의 후보가 되기 위해서는 어떤 조건이 필요할까요? 여러 가지 가운데 가장 큰 조건은 우선 대한민국의 국민이어야 하는 것이에요. 대한민국의 국적을 가진 사람으로, 5년 이상 국내에서 거주한 사람이어야 하는 게 기본 조건이에요. 그리고 나이가 만 40세 이상이어야 해요. 또 선거법을 위반해서 100만원 이상의 벌금을 냈던 사람이거나, 징역형을 받은 사람이라면 자격이 없어요. 국회의원이나 지방의회 의원, 지방자치단체장이 되는 자격에 문제가 없는 사람이어야 하고 '공직자윤리법'에 의해 재산을 공개해야 해요. 만일 후보가 정당에 속해 있다면 정당법에 따라서 추천을 받지만, 만일 무소속이라면 5개 이상의 시·도에서 각각 500명 이상, 총 2,500~5,000명의 추천을 받아야 해요. 기탁금으로 5억 원을 내는데, 선거 때 득표율이 10%를 넘으면 돌려받을 수 있지만, 그렇지 못할 경우에는 국가에 귀속되어 돌려받지 못해요. 국민이라면 누구나 참여할 수 있지만, 함부로 마구 출마하여 선거를 혼란스럽게 하지 않도록 하기 위해서예요.

> **PLUS**
>
> **대통령, 국회의원, 고위 공무원의 임기는 왜 정해져 있을까?**
>
> 가장 큰 이유는 비판에 귀를 닫는 독선을 막기 위해서예요. 다양한 능력을 가진 많은 사람들에게 기회를 주기 위해서이기도 하고요. 또 어떤 정책을 평가받는다는 의미도 있죠. 국민에게 인정받으면 대통령 외에는 다시 당선될 수 있어요. 우리나라 대통령 임기는 5년, 국회의원은 4년, 대법원장은 6년이에요.

친구들의 도움

배움포인트 : 선거 운동에 대해 배우고 선거 운동 기간과 후보자의 기호에 대해 알아 봐요. 또 공정한 선거를 위해 규칙을 정하는 선거 관리 위원회에 대해 배워요.

> 정치가 궁금해

🔹 선거 관리 위원회

　선거 관리 위원회란, 공정한 선거 관리를 목적으로 만들어진 기관이에요. 그와 더불어 정당과 관련된 다양한 사무를 담당하지요.

　선거 관리 위원회는 줄여서 '선관위'라고도 불러요. 선관위는 한 곳만 있는 것이 아니에요. 특별시·광역시·도·시·군·구 등 각 지역 단위로 있어요. 또 투표구를 직접 관리하는 선거 관리 위원회도 있어요. 그리고 그것을 아울러서 지휘하고 감독하는 '중앙 선거 관리 위원회'가 있지요.

　중앙 선거 관리 위원회는 1963년에 만들어졌어요. 선거의 규칙을 정하고 선거와 관련된 범죄, 선거 비용 등을 조사하는 일을 해요. 선거법을 위반하지 않도록 예방하는 것도 중요한 임무예요.

　중앙 선거 관리 위원회의 위원들은 정당에 가입하거나 정치 활동을 할 수 없어요. 왜냐하면 어느 쪽에 치우치지 않고 공정해야 하기 때문이지요. 선거 관리 위원회가 제 역할을 다하면서 우리나라에도 공정한 선거 문화가 자리를 잡아 가고 있어요.

🔹 투표

　투표는 유권자들이 자신의 의사를 표시하는 방법으로 여러 가지가 있어요. 첫째는 기명투표와 무기명투표예요. 기명투표는 투표용지에 투표하는 사람의 이름을 적는 방식이고 무기명투표는 이름을 밝히지 않는 방식이지요. 기명투표는 투명하고 책임있는 투표 문화를 만들지만, 비밀이 보장되지 않죠. 오늘날에는 거의 무기명투표를 하고 있어요. 둘째로는 자서투표와 기표투표가 있어요. 자서투표는 투표할 후보자의 이름을 투표용지에 직접 적는 방식이에요. 기표투표는 투표 용지에 인쇄된 후보자의 이름에 약속된 표시를 하는 거예요. 우리나라는 기표투표를 해요. 셋째는 강제투표와 임의투표예요. 강제투표는 정당한 이유 없이 투표하지 않을 경우 불이익이 생겨요. 투표율은 높지만, 민주적이지 못한 단점이 있죠. 임의투표는 자신의 의사에 따라 투표에 참여하는 방식으로 투표를 하지 않더라도 아무런 피해를 입지 않아요. 넷째는 공개투표와 비밀투표예요. 공개투표는 누가 누구에게 투표했는지 공개되는 방식으로 선거의 공정성을 해칠 위험이 있어요. 기립, 거수, 박수 등의 방식도 쓰지요. 다섯째는 1인1표와 복수투표예요. 1인1표는 한 사람당 하나의 투표권을, 복수투표는 한 사람에게 여러 개의 투표권을 주는 방식이에요. 우리나라는 1인1표를 해요.

▶ 기호

선거 때 '기호 ×번 △△당 ○○○'이라고 적힌 선전물을 본 적이 있을 거예요. 이때 '기호'는 어떻게 정해지는 것일까요?

만일 국회의원 선거에 국회의원이 100명인 장미당의 김정치 후보, 국회의원이 50명인 백합당의 이경제 후보, 국회의원이 12명인 철쭉당의 정사회 후보, 그리고 무소속인 한문화 후보와 임국제 후보가 출마한 경우를 보죠.

우선 국회에 의석수가 많은 정당 후보가 앞 번호를 받게 돼요. 그러므로 국회의원 수에 따라 장미당의 후보가 기호 1번, 백합당의 이경제 후보가 기호 2번, 철쭉당의 정사회 후보가 기호 3번이 될 거예요. 그 다음은 정당이 없는 무소속 후보예요. 무소속 후보가 여러 명일 땐 후보자 이름의 가

나다순으로 정해지므로 임국제 후보가 기호 4번, 그리고 한문화 후보는 기호 5번이 되겠지요. 만일 국회의원이 한 명도 없는 정당의 후보라도 무소속 후보보다는 앞번호로 받게 되며, 정당 이름의 가나다순으로 결정돼요.

◐ 공약

공약이란 선거 때 정당이나 후보자가 유권자들에게 하는 약속이에요. 대통령은 국민에게, 국회의원은 출마한 지역의 주민에게 공약을 발표해요. 공약은 유권자들이 지지할 후보를 선택하는 데 중요한 판단 기준이 돼요. 공약을 살펴보면 후보의 생각과 능력, 경력 등을 파악할 수 있어요.

하지만 정당이나 후보자의 공약이 모두 지켜지진 않아요. 일단 당선되고 나면 언제 그랬느냐는 듯 발뺌을 하는 경우도 많지요. 또 실천이 불가능한 약속을 하는 경우도 흔하지요.

"제가 군의원에 당선되면, 우리 고장에 국제공항을 유치하겠습니다."

"제가 국회의원이 되면, 당장 쓰레기처리장을 옆 마을로 옮기겠습니다."

여러분이 이런 공약을 듣는다면 어떻겠어요? 군의원이 애를 쓴다고 당장 국제공항을 지을 수 있을까요? 또 내 고장에서 환영받지 못하는 시설을 다른 고장으로 옮기겠다는 건 너무 이기적인 공약이지요. 선거의 경쟁이 치열할수록 공약은 다양해져요. 하지만 지켜지지 못할 공약이라면 오히려 나쁜 결과를 가져올 뿐이에요.

PLUS

투표 용지에 찍는 도장의 모양은 어떤 의미일까요?

투표할 때에는 투표소에 준비되어 있는 도장으로 투표 용지에 찍어서 표시를 해요. 이 모양은 人(사람 인)을 닮기도 했고, 入(들 입)을 닮기도 했어요.
가장 중요한 이유는 투표용지를 접었을 때에 반대편에 묻더라도, 원래 찍었던 곳이 어디인가를 가리기 위해서예요.

선거 유세가 시작되다

배움포인트 : 공약을 발표하고 선전하는 선거 유세에 대해 배워요. 그리고 선거 후보자를 돕는 대변인에 대해 알아 봐요.

정치가 궁금해

유세

혹시 트럭에 후보자의 사진을 붙여 놓고 확성기를 통해 선거운동하는 모습을 본 적 있나요? 그들은 저마다 자신을 지지해 달라며 인사를 하고 유행가 가사를 바꿔서 노래를 부르기도 해요. 때로는 길을 오가는 시민들 앞에서 연설을 하기도 하지요. 이렇게 선거 때 자기의 의견이나 소속 정당의 주장을 선전하며 돌아다니는 것을 '유세'라고 해요.

불과 몇 년 전만 해도 선거 때에 관광버스까지 동원해 사람들을 불러모아서 밥과 술을 사 주고 선물이나 돈을 주며 표를 얻으려 한 후보자들이 많았어요.

하지만 이제는 후보자 마음대로 이런 불공정한 선거 유세는 할 수 없어요. 선거 관리 위원회에서는 공정한 선거를 위해 유세에 대한 규칙을 엄격히 정해 놓았기 대문이에요. 만일 어기는 경우엔 벌금을 부과하거나, 당선을 무효로 돌리는 등의 여러 가지 처벌 방안을 마련해 놓았어요.

그런데 가끔 후보자가 깨끗한 선거 유세를 하려고 해도 먼저 돈이나 선물을 달라고 하는 유권자가 있을 수도 있어요.

그래서 선거 유세하는 후보자는 물론이고, 돈이나 선물을 받은 유권자 역시 받은 금품의 50

배를 벌금으로 내는 선거법을 만들었답니다.

이렇게 무거운 대가로 여러 규칙을 정해 놓은 이유는 민주주의에 있어서 투표가 그만큼 큰 의미를 갖고 있기 때문이에요. 투표는 유권자인 국민의 권리이자 의무예요.

오늘날의 유세는 전달 방법이 다양해졌어요. 좋은 점도 많지만 폐해도 많아졌기 때문에, 유세의 제한도 많아졌지요.

요즘은 특히 신문과 방송은 물론 인터넷을 이용한 선거 유세가 활발해요. 그래서 여기에도 여러 가지 규칙을 정해 놓았어요. 방송의 경우는 '방송 광고는 한 번에 1분, 10회 이내'로 정해 놓았어요. 또 신문광고는 대통령 후보, 비례대표 국회의원, 시도지사 선거 때 가능하고, 방송광고는 대통령 후보, 비례대표 국회의원만 가능해요. 팩시밀리에 의한 선거운동은 모두 금지되어 있고, 인터넷과 전화에 의한 선거운동은 제한적으로만 허용하고 있지요.

예전에는 합동연설회와 정당연설회를 벌였지만, 사람들을 불러모아 생기는 문제점이 많아지자, 없애기로 했어요. 또 깃발과 막대풍선 등의 선거운동용 소품도 사용이 금지되었지요. 그리고 3인 이상 무리를 지어 다니거나, 후보자와 함께 6인 이상 무리를 지어 거리를 행진하는 행위, 다수의 선거구민에게 인사하는 행위, 큰 소리를 질러 선전하는 행위도 금지랍니다.

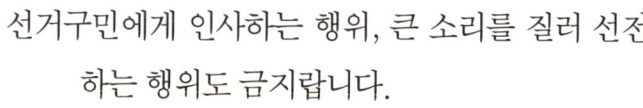

🔵 대변인

정부에서 공식적으로 전하려는 말이 있을 때, 누가 그 일을 할까요? 또 어떤 정당에서 정치 문제에 대해 공식적인 의견을 밝힐 때, 누가 그 일을 할까요? 그런 일을 하는 사람이 '대변인'이에요. 대변인은 개인이나 단체의 생각과 입장을 대신 전달해 주는 사람을 말해요. 대변인은 자기의 판단을 이야기하면 안 돼요. 무엇보다 자기가 소속된 곳의 의견을 정확히 전달하는 것이 임무예요.

대변인은 정부나 정당에만 있는 것이 아니에요. 외교통상부, 통일부 같은 정부 부처와 서울시 등에도 대변인이 있어요.

만약 대변인 없다면 어떤 일이 벌어질까요? 그때그때 이 사람 저 사람이 저마다 의견을 말해 굉장한 혼란이 일어날 거예요. 국민들은 누구의 말을 믿어야 할지 헷갈릴 테지요.

대변인은 주로 말과 글을 잘 다루는 사람이 맡아요. 내 생각조차 다른 사람에게 오해 없이 전하기가 쉽지 않은데, 다른 사람들의 생각을 정리해서 여러 사람들에게 전달하는 일은 얼마나 어렵겠어요? 그래서 대변인 가운데는 문학가나 언론인, 법률가 출신이 많아요.

PLUS

합법적인 정치자금, '정치인 후원금'이 무엇일까?

정치인 후원금은 개인이나 후원회 등이 합법적으로 정치활동을 위해 제공하는 금전이나 유가증권, 기타 물건 등을 말해요. 후원금은 개인이 하나 이상의 후원회를 통해 후원금을 기부할 수 있어요. 하지만 법인이나 단체는 기부할 수 없지요. 기부 금액은 중앙 선거 관리 위원회에서 제한하고 있어요.

'미래의 친구들' 대 '사랑 나눔'

배움포인트 : 사랑 나눔의 모둠 탄생을 통해 정당이 생기는 목적인 정당의 설립 목적에 대해 배워요.
또 실천이 가능한 공약이란 어떤 것인지에 대해 배워요.

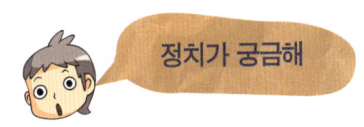

지방의회

우리나라에는 300명 정도의 국회의원들이 있어요. 우리나라 각 지역을 대표하는 국회의원들은 국회를 구성해 나랏일을 돌보지요.

그런데 국회만으로는 각 지역의 일까지 꼼꼼히 보살피기가 어려워요. 아무래도 국회는 나라 전체의 일을 고민할 수밖에 없으니까요.

그래서 만들어진 것이 '지방의회'예요. 지방의회는 그 지역 주민이 뽑은 의원들만으로 구성되어 있어요. 지역 문제에 대한 이해와 노력은 누구보다 뛰어나지요.

지방의회에는 도의회, 시의회, 군의회, 구의회 등이 있어요. 예를 들어 충청남도 논산시의회는 논산시를 위해 일하는 지방의회지요. 당연히 논산 시민들이 직접 뽑은 의원들이 논산시의회를 구성해요.

지방자치제

지방자치제는 정부의 일방적인 지시와 관리를 넘어 각 지방이 자율적으로 살림을 꾸려 가는 제도예요. 주민들 스스로 대표를 뽑아 이런저런 일들을 결정하고 실천에 옮기는 것이지요.

'풀뿌리민주주의'라는 말을 들어 본 적 있나요? 풀뿌리민주주의는 지방자치제의 별명이에요. 즉 지방자치제는 '나라의 주인은 국민'이라는 민주주의의 기본 원칙을 충실히 지키는 제도지요. 지방자치제가 정착된 나라는 지역의 일을 정부에서 일방적으로 결정하지 않아요. 어떤 일에 대해 정부 마음대로 결론을 내려놓고, 지역 주민에게 무조건 따르라며 강요하지 않아요.

민주주의 국가에서는 권력이 한 곳에 집중되는 것을 경계해야 돼요. 대통령도, 국회도 모든 권력을 지녀서는 안 돼요. 서로 권력을 나누어 감시하며 협력할 필요가 있어요. 권력이 한 곳으로 집중되면 부정부패에 빠져들기 십상이니까요.

지방자치제는 그런 점에서도 아주 중요한 제도예요. 권력이 정부에 집중되는 것을 막아 주지요. 누가 뭐래도 지역의 문제는 그 지역 사람들이 가장 정확히 알잖아요. 지역마다 더불어 잘살고 홀로서기를 할 수 있으려면 책임과 함께 권력도 자꾸자꾸 나눠 주어야 해요.

우리나라에서 지방자치제는 한국전쟁이 한창이던 1952년에 처음 실시되었어요. 하지만 1961년에 박정희 정부가 들어서면서 폐지되었지요.

당시에는 모든 일을 정부가 계획하고 통제해야 된다고 믿었어요. 하루빨리 경제 발전을 이루려면 정부가 강력한 힘을 가져야 한다고 판단했지요. 또한 민주적인 방식보다는 힘으로 밀고 나가는 편이 나라를 다스리기 쉽다고 여겼어요.

그로부터 30년 동안 지방자치제는 우리나라에서 자취를 감추었어요. 그러다가 사회 각 분야에서 민주화에 대한 요구가 커지면서 1991년에 비로소 부활되었지요. 1995년에 이르러서는 보다 폭넓게 지방자치제가 실시되었고요.

하지만 어떤 제도든 그것이 정착되기까지는 시간이 필요한 법이에요. 민주주의가 일찌감치 뿌리내린 국가에서는 지방자치제의 역사도 수백 년을 자랑하지요.

그와 비교해 우리나라는 지방자치제의 역사가 너무 짧아요. 그런 탓에 아직까지 종종 실수를 하고 갈등도 적지 않아요.

그래도 우리나라의 지방자치제는 하루하루 발전하고 있어요. 처음에는 지방의회의원들이 갖가지 부정부패를 저지르곤 했지요. 또 지역마다 이기주의에 사로잡혀 더욱 중요한 나랏일을 뒷전에 미루어 두기도 했고요.

특히 핵폐기물처리장이나 하수처리장, 쓰레기매립장, 시립화장장 등을 자신들이 살고 있는 지역에 유치하는 것을 반대하는 주민과 중앙정부 및 지방정부와의 갈등은 지역마다 이기주의가 흔히 발생해요.

이런 갈등은 지역의 자치권이 커질수록 더욱 많이 나타날 거예요. 정당한 요구는 침묵하면 안 되겠지만, 자신들의 지역만을 위한 지나친 갈등은 옳지 않아요.

그러나 이제는 진심으로 지역 주민에게 봉사하는 지방의회의원들이 점점 늘어나고 있어요. 꼭 실천해야 하는 나랏일을 위해 조금씩 양보할 줄 아는 지혜도 갖게 되었지요.

물론 앞으로도 성공적인 지방자치를 위해서는 더 많은 노력을 기울여야겠지만 말이에요.

> **PLUS**
>
> '님비현상'의 '님비(NIMBI)'는 어떤 뜻일까?
>
> 지역이기주의란 지방자체단체가 중앙정부나 다른 지방자치단체를 상대로 생기는 갈등이에요. 외국에서도 쓰레기매립장이나 핵폐기물처리장 등의 시설 건설에 대해서 '내 뒷마당에서는 안 된다(Not in my backyard)'고 서로 주장하지요. 그래서 이 말의 약자로 님비(NIMBY)현상이라고 하지요.

07 한 치의 양보도 없는 선거 운동

배움포인트 : 선거 후보자로서 발표하는 선거 공약 발표에 대해 배워요.
실천이 가능한 현실적인 공약에 대해 생각해 봐요.

국회의사당

국회의사당은 국회의원들이 모여 회의를 여는 장소예요. 국회의사당은 민주주의를 상징하는 건물로서, 흔히 '민주주의의 전당'이라고 부르지요.

현재 우리나라 국회의사당은 서울특별시 영등포구 여의도에 있어요. 여의도 국회의사당의 역사는 1975년부터 시작되었지요.

우리나라 국회의사당은 총 면적이 42,600평에 이른다고 해요. 국회의사당 안에는 의사당 본관뿐만 아니라 의원회관, 도서관 등 다양한 시설물들이 있지요. 국회의사당의 외형은 화강암으로 만든 24개의 기둥이 건물을 떠받들고 있는 모습이에요. 지붕은 커다란 공을 반으로 잘라 엎어 놓은 듯한 모습이고요.

국회의사당의 시설과 전시물은 모든 국민에게 개방되어 있어요. 국민이 뽑아 준 국회의원들이 일하는 곳이니, 그곳의 주인은 국민이라고 해도 틀린 말이 아니지요. 단순히 시설과 전시물을 둘러보는 차원이 아니라 국회의원들이 모여 일하는 광경도 살펴볼 수 있어요.

국회의원들이 연설하고, 질문하고, 투표하는 모습을 살펴보는 것은 '방청'이라고 해요. 방청은 12세 이상 국민으로 나이 제한이 있으니, 중학생이 되면 한 번쯤 가 보도록 해요.

◯ 삼권 분립

우리나라는 국가의 최고 권력이 대통령에게 있는 '대통령중심제' 국가예요. 하지만 대통령이 모든 권력을 다 갖고 있진 않아요. 만약 그렇게 된다면 모든 일을 대통령 마음대로 할 지도 몰라요. 대통령중심제인 국가는 대통령 외에도 행정부·입법부·사법부가 권력을 나눠 갖고 있어요. 이것을 '삼권 분립'이라고 해요.

◯ 행정부

행정부는 행정을 맡아보는 국가 기관을 말해요. 흔히 '정부'라고 하며, 대통령이 책임자로서 나랏일을 돌보지요. 행정부에는 국무총리를 비롯해 재정경제부, 교육인적자원부, 행정자치부, 외교통상부, 노동부 등 여러 부처가 있어요.

◯ 입법부

입법부란, 국회를 말해요. 국회에는 국민들이 직접 뽑은 대표인 국회의원들이 모여서 나랏일을 결정해요. 국회에서는 우리가 일상생활을 하는 데 기준이 되는 여러 가지 법들을 만들고 정부가 하는 일을 감독해요. 정부가 어떤 일을 할 때에는 국회의 동의를 얻어야 하는 경우가 많아요. 아울러 국회에서는 나라 살림에 필요한 예산을 결정하고, 그것을 어디에 어떻게 사용할지 심사하지요.

◯ 사법부

사법부는 법을 집행하는 곳이에요. 대법원을 중심으로 고등법원, 지방법원과 같은 조직을 말하지요. 사법부는 국민의 행복을 위해 엄격하게 법을 적용해서 나라의 질서를 유지해요. 또 법을 어긴 사람들을 심판하고, 사회의 갈등을 지혜롭게 조정하지요.

우리나라 헌법에는 '법관은 헌법과 법률에 의하여 그 양심에 따라 독립하여 심판한다'는 구절이 있어요. 이 말은 사법부가 어떠한 권력으로부터도 독립된 기관이며, 법관이 심판하고 법을 시행할 때에는 법적인 근거 외에 따른 어떤 것도 영향을 끼칠 수 없다는 의미예요. 또 행정부와 입법부와 더불어 권력을 나누어 갖는다는 뜻이지요.

◆ 총리

세계에는 대통령이 없는 나라도 많아요. 영국에는 고든 브라운 총리, 일본에는 후쿠다 야스오 총리가 있지요. 일본이나 영국 같은 나라의 정치 제도는 '의원내각제(내각책임제)'로, 최고 권력은 '총리(수상)'에게 있어요. 의원내각제에서는 의회 의석을 가장 많이 차지한 정당의 대표가 총리로 임명돼요. 행정부와 입법부를 같은 정당이 이끌기 때문에 대통령중심제와 비교해서 충돌 없이 나랏일을 능률적으로 해 나갈 수 있어요.

의원내각제도 단점은 있어요. 행정부와 입법부를 차지한 정당이 제멋대로 횡포를 부리거나 정당 간의 지나친 경쟁으로 나라를 불안하게 만들 수도 있고요.

PLUS
'철새정치인'은 무슨 뜻일까?

철새정치인이란 자기에게 유리한 정당으로 옮겨 다니는 정치인을 말해요. 철새가 좋은 환경을 찾아 철따라 옮겨 다니는 것에 빗댄 말이죠. 정치인이 어떤 것이 옳은 것인지 고민하는 게 아니라 어떤 정당이 힘이 있는가를 따져서 정당을 옮겨다닌다는 점은 비판받아 마땅해요. 그런데 죄 없는 철새에 빗대지 말라고 주장하는 사람들도 있답니다.

08 승자와 패자의 갈림길

배움포인트 : 후보자의 공약에 따라 누구를 선택할지 결정하는 유권자의 자세에 대해서 배워요.
정당하지 않은 방법으로 표를 얻으려 하는 불법유세와 지역감정에 대해 배워요.

지역감정

선거 때만 되면, 우리나라는 지역감정 탓에 한바탕 홍역을 치러요. 많은 사람들이 오직 자기 고장을 기반으로 하는 정당과 자기 고장 출신 후보에게 투표하지요. 요즘은 심지어 작은 마을과 마을 사이에도 그런 갈등이 빚어지는 것을 볼 수 있어요.

지역감정은 선거에 나온 정당과 후보자가 은근히 부추기는 경우가 많아요. 그들은 자기 고장 출신을 뽑아야만 지역 발전을 이룰 수 있다고, 또 자기 고장을 기반으로 하는 정당에 투표해야만 나라가 발전한다고 떠들어요. 그 결과 우리나라에서는 선거 때마다 지역별로 한 정당이 표를 싹쓸이하는 현상이 자주 나타나요.

요즘은 조금씩 달라지는 모습이 보여요. 하지만 아직도 투표할 때 기준이 인물 됨됨이와 정책이 아니라, 후보가 어느 지역 출신인지 따지기 일쑤지요. 지역감정을 고향 사랑으로 착각하는 사람들이 많기 때문이에요.

유권자

유권자란, 권리나 권력을 가진 사람을 말해요. 이것이 선거에 관계되어

쓰이면 '선거권을 가진 사람'을 의미하지요.

그럼 유권자의 범위는 어떻게 정해질까요? 만약 아파트 부녀회에서 선거를 한다면, 유권자는 그 아파트에 사는 주민들이 되는 거예요. 학급에서 반장을 뽑는다면, 그 반 어린이들이 유권자가 되는 것이고요.

대통령이나 국회의원 선거 등을 치를 때는 우선 나이가 유권자를 정하는 기준이 돼요. 얼마 전까지만 해도 우리나라에서는 만 20세가 되어야 투표권이 주어졌어요. 적어도 그 나이는 되어야 국민의 대표를 뽑을 수 있는 판단력을 지니게 된다고 보았던 것이지요.

하지만 2007년 7월부터는 선거 연령이 만 19세로 낮춰지게 되었어요. 그 이유는 날이 갈수록 사람들의 정신적인 성장이 빨라지기 때문이에요. 또한 꾸준히 교육 수준이 높아져 일찌감치 정치적인 판단을 하는 데 별 문제가 없게 되었지요.

○ 부정선거

요즘은 부정 선거라는 말이 많이 사라졌어요. 선거법을 워낙 엄격히 적용하는 탓에 부정을 저지를 엄두조차 내지 못하는 것이지요. 설령 당선되어도 선거법을 어긴 것이 밝혀지면 무효 처리가 되니까요. 때로는 감옥에 가야 되고요.

그렇지만 얼마 전만 해도 우리나라 선거는 부정과 부

패로 얼룩지기 일쑤였어요.

　근거 없이 상대 후보를 비방하고, 물 쓰듯 돈을 썼지요. 유권자들에게 공짜로 관광을 시켜 주고 선물을 나눠 주며 표를 구걸하기도 했어요.

　우리나라의 부정 선거 사례 중에는 정말 어처구니없는 일도 있었어요. 다른 사람이 대신 투표하는 대리 투표, 몇 명씩 짝을 지어 투표하는 일종의 공개투표, 심지어 득표수를 조작해서 발표하는 경우까지 있었지요.

　특히 1960년 대통령 선거 때는 부정 선거가 심각한 수준이었어요. 그래서 분노한 국민들이 저항했고, 4·19혁명으로 이어졌지요.

● 전자개표기

옛날에는 개표를 마치려면 밤을 꼬박 새우는 일이 많았어요.

요즘은 전자개표기가 사용되어 금방 결과를 알 수 있어요.

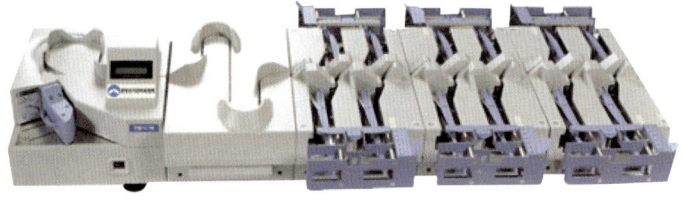

전자개표기는 시간당 1만 장이 훨씬 넘는 투표용지를 분류하니까요.

훗날 투표까지 전자화가 이루어진다면, 투표 마감 시간이 되자마자 바로 개표 결과를 알 수 있겠지요.

> **PLUS**
> **선진 선거 문화를 위한 매니페스토(Manifesto) 운동!**
>
> 후보자는 당선되면 무엇을 하겠다는 공약을 발표해요. 유권자는 이 공약이 실현 가능한 것인지를 꼼꼼히 따져서 투표해야 하죠. 선거가 끝난 뒤에도 당선자가 공약을 잘 실천했는가를 평가하여 다음 선거 때 또 지지할 것인지 여부를 결정하는 선거를 매니페스토 정책 선거라고 해요.

09

4학년 2반 반장탄생

배움포인트 : 우리나라의 민주주의 선거의 기초인 보통선거, 평등선거, 직접선거, 비밀선거에 대해 배워요. 또 투표 뒤에 자유로운 설문조사를 통해 당선자를 예상해 보는 출구조사에 대해 배워요.

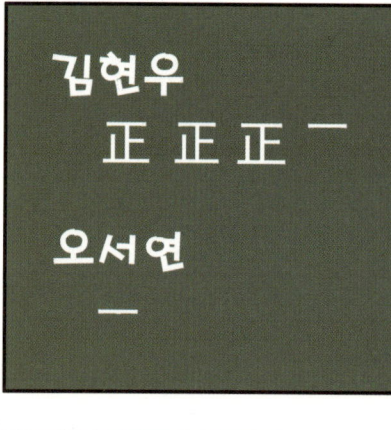

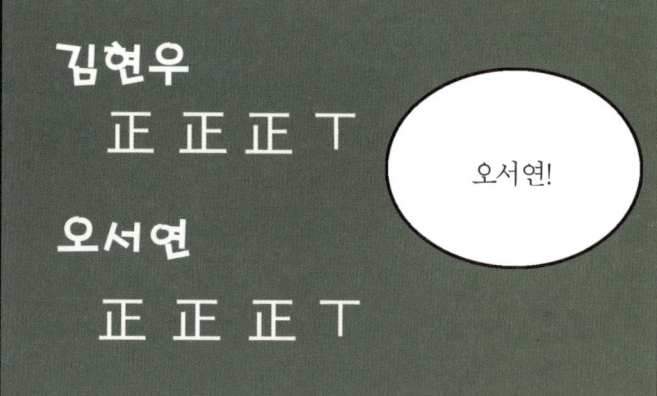

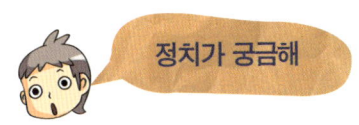

투표함

우리나라에서는 대통령 선거나 국회의원 선거 모두 하루 안에 투표를 다 마쳐요. 투표는 보통 오전 6시부터 오후 6시까지 12시간 정도 계속되지요.

투표 당일, 유권자들은 지정된 투표소에 가서 투표를 해야 돼요. 대통령 선거의 경우 전국에 설치되는 투표소는 13,000곳이 넘지요.

유권자들은 투표소에 갈 때, 주민 등록증이나 운전면허증 등 공공 기관이 발행한 신분증을 반드시 지참해야 돼요. 본인이라는 것을 확인해야 되니까요. 그리고는 절차에 따라 투표를 마친 뒤, 투표용지를 투표함에 넣으면 끝나는 거예요. 투표를 마친 투표함은 철저한 보안 속에 개표 장소로 옮겨져요. 투표용지가 들어 있는 투표함 관리는 공정한 선거를 판가름할 만큼 아주 중요하지요. 실제로 오래 전에는 투표함을 바꿔치기 하는 등의 문제로 시끄러웠던 적이 있었어요.

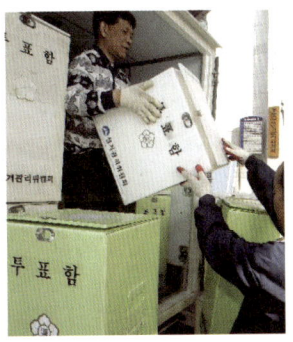

보통선거

'보통선거'는 누구나 일정한 나이가 되면 선거권을 갖는다는 의미예요.

보통선거의 원칙을 따르면 남자와 여자, 부자와 가난한 사람, 종교, 출신 지역을 따지지 않아요. 너무나 당연하다고요? 하지만 보통선거가 전 세계에 폭넓게 자리잡은 지는 얼마 되지 않아요. 민주주의 모범 국가라는 영국에서조차 1928년이 되어서야 여성에게 선거권이 주어졌어요. 또 미국에서 흑인과 백인이 차별 없이 선거에 참여하게 된 것은 1966년 이후랍니다.

▶ 평등선거

'평등선거'의 원칙은 평등선거는 누구에게나 공평하게 한 표씩 투표권을 주는 거예요. 재산이 많다고 표를 더 주거나, 학력이 높다고 해서 더 많이 주진 않아요. 누구나 똑같이 한 표씩 행사할 권리가 있답니다.

▶ 직접선거

민주주의 국가에는 '직접선거'라는 원칙이 있어요. 직접선거란 자신의 손으로 직접 투표를 하는 거예요. 만약 투표할 사정이 되지 못하면, 기권을 하는 수밖에 없어요. 절대 누군가가 대신해 줄 수 없답니다.

▶ 비밀선거

유권자에게는 누구에게 투표했는지 말하지 않을 자유가 있어요. 누구라도 어디에 투표했느냐며 유권자를 다그칠 수 없어요. 정부에서 물어보거나, 기자들이 물어보면 솔직히 대답해야 되지 않느냐고요? 그렇지 않아요. 누구도 '비밀선거'의 원칙을 무너뜨릴 수는 없어요.

▶ 출구조사

투표소에서 투표를 마치고 나오는 사람에게 어느 후보를 선택했는지 묻는 것이 '출구조사'예요. 설문지를 이용해서 투표자의 정보는 밝히지 않게 이뤄져요.

우리나라의 경우, 출구조사는 투표소로부터 300미터 이상 떨어진 곳에서 이뤄져야 해요. 물론 거절할 수 있어요. 비밀선거의 원칙이 있으니까요.

우리나라에서는 2000년 4월 국회의원 선거 때 출구조사가 처음 실시되었어요. 방송사 KBS, MBC, SBS가 참여했지요. 방송사들은 출구조사를 바탕으로 선거 결과를 예측해 시청자들에게 알리지요. 출구조사가 항상 정확한 것은 아니에요. 이따금 엉뚱한 결과를 예측하기도 해요. 그래도 유권자들은 누가 당선될지 궁금하기 때문에 출구조사에 귀를 기울이지요.

○ 개표

선거가 끝난 뒤 투표함을 열어 투표용지를 점검하고 계산하는 것을 '개표'라고 해요.

개표에 관계된 일은 선거관리위원회에서 맡아 하지요. 개표는 모든 투표함이 도착한 뒤에 시작하는 것이 원칙이에요.

누구라도 관람증을 받으면 개표 진행 상황을 지켜볼 수 있지요. 특히 각 후보는 '개표 참관인'을 보내 정확하게 개표가 되는지 감시한답니다.

PLUS
개표를 감시하고 지켜보는 개표참관인은 어떻게 뽑을까?

개표소 안에서 개표 상황을 참관하고 감시하는 사람을 개표참관인이라고 해요. 정당 추천 후보자는 8명, 무소속후보자는 4명의 개표참관인을 선정하고 선거일 전날까지 선거관리위원회에 신고해야 해요. 개표 내용을 눈으로 확인할 수 있을 정도인 1미터에서 2미터에 참관인석이 있어요.

10 우리는 언제나 친구

배움포인트 : 당선인의 정당인 여당, 당선되지는 못했지만 여당을 견제하고 감시하는 야당에 대해 배워요. 그리고 당선된 뒤 공약을 실천하는 공약실천에 대해 배워요.

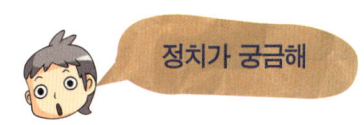

여당

여당이란 정권을 차지한 정당을 일컫는 말이에요.

여당의 '여(與)'는 '같은 편'을 뜻하는 한자어지요. 다름아닌 정부와 같은 편이라는 말이에요.

4학년 2반의 경우에는 오서연이 반장이 되었으니, '사랑나눔'이 여당에 해당하겠죠?

여당과 정부는 가까운 사이일 수밖에 없어요. 우리나라 같은 대통령중심제 국가는 대통령을 배출한 정당이 여당이 되고, 대통령은 여당의 협조를 받아 정부를 구성하게 돼요. 그러므로 여당과 정부는 떨어질 수 없는 관계가 되는 거예요.

여당은 야당과 달리 정부를 비판하기보다 감싸고 협력하는 모습을 보여요. 그 대신 정부를 통해 자신들이 생각하는 정책을 펼치려 하지요. 여당과 정부는 뜻을 같이하는 동지인 셈이에요.

대통령이 없는 의원내각제 국가의 여당은 조금 달라요. 의원내각제 국가에서는 선거를 치러 국회에서 의석을 가장 많이 차지한 정당이 여당이 돼요. 그래서 때로는 국회의원 수가 적은 정당끼리 힘을 합쳐 여당이 되려는 시도를 하기도 해요.

야당

'야당'은 정권을 차지하지 못한 정당을 말해요.

4학년 2반의 경우에는 반장 선거에서 반장이 되지 못한 현우의 모둠인 '미래의 친구들'이 야당이에요.

만약 정당이 여러 개 있는 경우라면, 야당 역시 그만큼 많이 존재해요. 5개의 정당이 있을 경우, 정권을 차지한 1개의 정당을 제외한 4개의 정당은 모두 야당이 되지요.

야당의 역할은 무엇일까요? 무엇보다 야당은 정권을 차지한 정당과 정부를 비판하며 견제하는 역할을 해요. 아울러 좀더 바람직한 정책을 내놓으려고 노력하며 나라의 발전을 돕지요. 그와 같은 역할에 최선을 다해야, 야당은 다음 선거 때 승리할 수 있어요. 어느 정당이나 정권을 갖는 게 최고의 목표예요. 그래야만 자신들이 추구하는 정치를 펼칠 수 있으니까요.

레임덕

임기를 마쳐 가는 대통령이 있다고 가정해 봐요. 5년의 임기 중 채 1년이 남지 않았어요. 그런데 최근 들어 대통령의 마음이 편치 않아요. 왜냐하면 사람들이 자신을 점점 함부로 대하는 것 같은 느낌이 들기 때문이에요.

대통령에 당선되었을 때, 사람들은 그 앞에서 최대한 존경심을 표시했어요. 얼마 전까지만 해도 사람들은 그에게 큰 기대감을 가졌었지요. 하지만 이제는 많은 것이 달라진 듯해요. 국회도, 장관도, 여당과 야당도, 심지어 국민의 시선까지 예전 같지 않아요. 분명 임기가 남았는데, 대통령은 예전처럼 최고 권력자의 모습을 보이기가 어려워요.

바로 이런 현상을 두고 '레임덕(Lame Duck)'이라고 해요.

레임덕은 미국에서 유래된 말로, '절름발이 오리'라는 의미를 담고 있어요. 절름발이 오리는 뒤뚱뒤뚱 걸음이 불편할 수밖에 없지요. 임기가 얼마 남지 않은 권력자의 모습이 그와 비슷하다는 거예요.

레임덕은 대통령의 임기가 끝나가면서 권력이 약해질 때 생겨요. 또 대통령으로 통치하는 기간 동안 기대에 부응하지 못하여 국민의 관심과 성원이 멀어지면 생기지요.

레임덕은 권력자에게 굉장히 불리한 영향을 미쳐요. 대통령의 레임덕 현상이 나타나면 주위에서 그를 돕던 사람들도 모르는 척 시치미를 떼기 일쑤예요. 그래서 작은 문제 하나도 해결하기가 쉽지 않아져요.

레임덕의 기간이 길수록 나라의 혼란도 길어지게 돼요. 사람들은 흔히 강력한 힘을 가진 권력자 곁에 몰려들지요. 그러다 보면, 나랏일을 돌보는 데에도 소홀해질 수 밖에 없어요. 레임덕으로 권력자가 힘을 잃어 가면 사람들은 미련 없이 그 곁을 떠나곤 해요.

이런 일은 권력자가 바뀌거나, 임기제 대통령 제도를 가진 나라라면 어디에서나 일어날 수 있는 일이에요. 미국의 경우는 레임덕의 기간을 줄이기 위해서 1933년에 새 대통령의 취임일을 한 달 보름 앞당긴 대선 이듬해 1월 20일로 정했어요.

> **PLUS**
>
> '레임덕(Lame Duck)'은 언제부터 쓰인 말일까?
>
> 레임덕은 18세기 영국에서 처음 쓰인 말이에요. 원래는 정치에서 쓰인 말이 아니라, 증권과 관련해서 쓰였어요. 빚을 갚지 못해서 퇴출된 증권거래원을 가리켜서 쓰던 은어였지요. 그러다가 19세기 남북전쟁 때 미국에서 힘빠진 대통령의 신세를 가리키는 정치적인 말로 쓰였다고 해요.

11 한걸음 더!

배움포인트 : 4학년 2반 친구들과 선생님이 정치에 관한 여러 가지 질문과 답을 해 줄 거예요. 같이 궁금증을 풀어 봐요!

우리 나라 헌법에는 '대한민국은 민주공화국이다.' 라고 되어 있어요. '민주공화국'은 무슨 뜻인가요?

호호! 우람이가 질문을 하다니, 이 선생님은 너무 기뻐요. 공화국이란, 직접 또는 간접적으로 국민이 임기가 정해진 국가원수를 뽑는 나라를 말해요. 민주공화국은 공화국 중에서도 민주주의의 원칙을 제대로 지키는 공화국이라는 뜻이에요.

아하! 그래서 우리나라는 5년마다 대통령을 다시 뽑는군요.

탁!

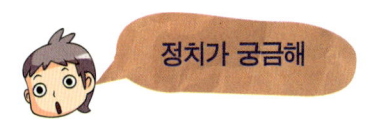
정치가 궁금해

행정부에는 여러 부처가 있다고 하는데, 각각 어떤 역할을 하나요?

우리나라에는 20개 안팎의 행정부 부처가 있어요. 그 수는 정부의 의지와 현실에 따라 조금씩 늘거나 줄고 이름이 바뀌기도 해요.

2008년 바뀐 주요 행정부의 명칭과 하는 일을 살펴보면 다음과 같아요.

- **기획재정부** : 나라의 경제 정책을 수립하고, 조정해요.
- **교육과학기술부** : 학교 교육과 인재 개발에 관한 사무를 담당해요.
- **외교통상부** : 외교, 국제 협정, 재외 국민 보호 등의 업무를 담당해요.
- **통일부** : 남북 대화와 교류를 추진하는 등 통일에 관련된 일을 해요.
- **법무부** : 형벌 집행, 인권 보호, 검찰에 대한 지휘 및 감독을 해요.
- **국방부** : 국방과 군사에 관한 업무를 담당해요.
- **문화체육관광부** : 올바른 문화산업을 위해 투자하고 감독을 해요.
- **농림수산식품부** : 국가의 농업과 수산업에 관련된 업무를 담당해요.
- **지식경제부** : 기업 육성을 지원하고 에너지산업 관련 업무를 해요.
- **보건복지가족부** : 국민연금, 건강검진 등 국민 건강 관련 업무를 해요.
- **환경부** : 환경 보전과 환경 오염 방지 등의 업무를 담당해요.
- **노동부** : 노동 조건 기준, 직업 훈련, 실업 대책 등을 담당해요.
- **여성부** : 여성 인권 신장과 권리 보호, 여성 취업 등을 담당해요.
- **국토해양부** : 국토와 해양의 균형있는 발전과 보전을 담당해요.
- **국무총리실** : 국무총리를 보좌하고 각 행정기관을 지휘·감독해요.

➡ 우리나라 정치에 관해 알고 싶을 때 도움이 되는 홈페이지들을 알려 주세요.

우리가 궁금해 하는 여러 정보들을 인터넷을 이용해서 찾을 수 있어요. 정치는 언론과 여러 매체들이 발전하는 것과 함께 다양한 방법으로 발전하고 있어요. 민주주의는 곧 국민의 뜻으로 이루어지는 정치이고 이것을 전하는 역할이 바로 신문이나 인터넷, 텔레비전 등이기 때문이에요. 오늘날 자신의 의견을 자유롭게 글과 영상으로 남길 수 있는 건 바로 이런 매체들의 힘이기도 해요. 그래서 우리나라의 국회와 정부 기관은 여러 홈페이지들을 통해서 자신의 정당을 홍보하거나 국가의 정책을 발표하는 등 매체들을 적극 활용하고 있어요.

어른들만을 위한 홈페이지가 아니라 어린이를 대상으로 홈페이지를 열어 두었으니 한번 찾아 보도록 해요.

특히 중앙 선거 관리 위원회의 〈선남선녀〉는 학생들을 위한 선거 관련 홈페이지예요. 선거에 관련된 지식을 알기 쉽게 정리해 놓았어요. 그리고 학교에서 열리는 반장 선거 때, 실제 어른들이 하는 선거와 똑같은 경험을 할 수 있도록 여러 가지 방법을 지원하고 있으니 참여해 보세요.

- **선남선녀** : www.teen.go.kr
- **대통령경호실 어린이마당** : www.pss.go.kr/kid
- **청와대 어린이마당**
  : children.president.go.kr/children

🡆 청와대에 가 보고 싶어요! 직접 가 볼 수 있을까요?

청와대에 가 보고 싶은 친구들이 있나요? 예전에는 엄격하게 출입이 금지된 곳이었지만, 이제는 신청만 하면 갈 수 있답니다.

청와대 관람은 청와대 홈페이지에서 신청하는 것과 우편으로 신청하는 두 가지 방법으로 접수를 받아요.

홈페이지를 이용해서 접수할 경우에는 2주일 전에 예약을 해서 접수번호를 받아야 해요. 우편으로 접수할 때에는 세부 사항을 적어서 발송해야 하지요. 그리고 유치원이나 어린이집 등 미취학 아동은 관람할 수 없어요.

관람이 가능한 시간은 오전 10시와 11시, 오후 2시와 3시예요. 청와대 관람을 위한 만남의 장소에 일정 시간마다 셔틀버스가 운행되고 있으니, 이용하면 편리해요. '춘추관→녹지원→수궁터→본관→영빈관'을 돌아서 출구로 나와요. 지금 관람할 수 있는 곳은 녹지원 대통령 전용길과 본관 앞 전용길이에요. 이 길을 방문하는 관람객은 연간 20여만 명이나 된다고 해요. 입장료도 무료이니 가족이나 친구들과 함께 신청해서 꼭 한번 가 보도록 해요.

- **청와대** : www.president.go.kr
- **인터넷 청와대 관람 안내**
 : www.president.go.kr/kr/cheongwadae/wiewing/guideance.php

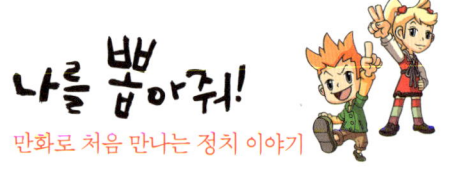

2008년 6월 5일 초판 1쇄 인쇄
2008년 6월 10일 초판 1쇄 발행

글쓴이 조항록 **만화** 디지털터치
펴낸이 천부덕 **편집인** 이순영 **편집책임** 오숙희 **제작책임** 이유근 **제작** 고강석
표지 및 본문 디자인 SALT&PEPPER Communications
펴낸곳 (주)계림북스 **등록** 제300-2007-55호(2000. 5. 22.)
주소 서울시 종로구 평동 13-68 **전화** (02)739-0121(대표) **팩스** (02)722-7035
이메일 edit@kyelimbook.com **홈페이지** www.kyelimbook.com
ⓒ조항록, 2008

이 책에 실린 글과 그림, 사진의 무단전재나 복제를 금합니다.